# curio?idad por

# LOS ROB[]T[] DE FÁBRICA

T0276455

POR LELA NARGI

AMICUS LEARNING

# ¿Qué te causa

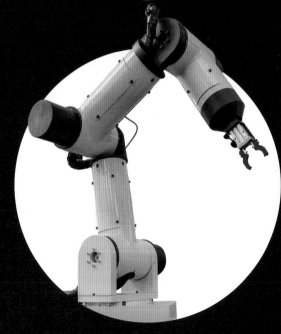

# curiosidad?

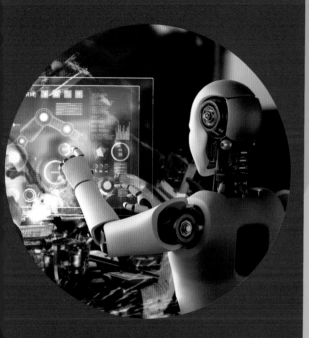

CAPÍTULO TRES

## Robots del pasado y del futuro
PÁGINA
### 14

Curiosidad por es una publicación de Amicus
P.O. Box 227, Mankato, MN 56002
www.amicuspublishing.us

Editora: Rebecca Glaser
Diseñadora de la serie y libro: Kathleen Petelinsek
Investigación fotográfica: Omay Ayres

Library of Congress Cataloging-in-Publication Data
Names: Nargi, Lela, author.
Title: Curiosidad por los robots de fábrica / by Lela Nargi.
Other titles: Curious about factory robots. Spanish
Description: Mankato, MN : Amicus Learning, an imprint of
Amicus, 2024. | Series: Curiosidad por la robótica | Translation
of: Curious about factory robots. | Includes bibliographical
references and index. | Audience: Ages 5-9 | Audience: Grades
2-3 | Summary: "Spanish questions and answers give kids an
understanding about the technology of factory robots, including
why factories need robots and the types of jobs they do. Includes
infographics to support visual learning and back matter to support
research skills, plus a glossary and index"– Provided by publisher.
Identifiers: LCCN 2023016533 (print) | LCCN 2023016534
(ebook) | ISBN 9781645497769 (library binding) | ISBN
9781645498384 (paperback) | ISBN 9781645497844 (pdf)
Subjects: LCSH: Robots, Industrial–Juvenile literature.
| Robotics–Social aspects–Juvenile literature.
Classification: LCC TS191.8 .N3618 2024 (print) | LCC
TS191.8 (ebook) | DDC 670.42/72–dc23/eng/20230419

Créditos de Imágenes: Alamy/REUTERS/Fabian Bimmer, 7,
Science History Images, 15; iStock/Boris25, 11, PhonlamaiPhoto,
Cover, 1; Robots Done Right/FANUC, 11; Shutterstock/Alaettin
YILDIRIM, 2, 4–5, asharkyu, 2, 11, Baloncici, 18, Bigone,
8, Blue Planet Studio, 16–17, Blue Planet Studio, 3, 20–21,
FeelGoodLuck, 19, Kilroy79, 22–23, Marko Aliaksandr, 10,
Nataliya Hora, 8–9, Sarunyu L, 13, wellphoto, 12, Xinhua,
7; Wikimedia Commons/Marc Auledas, 11, Pjwiktor, 11

Impreso en China

# ¿Por qué necesitan robots las fábricas?

Un robot es una máquina. Puede no verse como un humano. Pero puede hacer tareas humanas por sí solo. ¡Empuja! ¡Jala! ¡Levanta! ¡Rueda! Muchos robots trabajan en fábricas. Mezclan pintura. **Sueldan** bicicletas. Algunos mueven manzanas. Otros ponen tapas a las botellas.

Las máquinas robóticas pueden poner tapas a las botellas con mucha mayor rapidez que una persona.

# ¿Los robots hacen cosas que yo uso?

¡Sí! ¿Alguna vez has comido un pastelillo? Los robots de las fábricas de alimentos cortan las capas dulces y luego les ponen un punto de relleno. Aplican el glaseado a los pasteles. ¡Mmmm!

En la fábrica de LEGO, los robots crean los bloques. Les ponen brazos a las minifiguras. Un robot especial recoge las piezas para empacarlas.

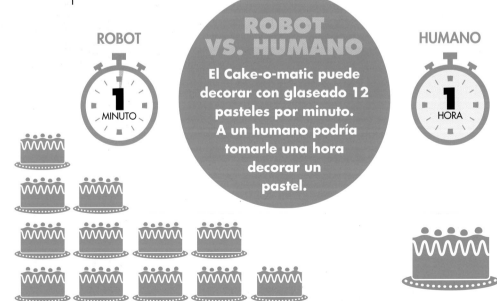

**ROBOT**

**1 MINUTO**

**ROBOT VS. HUMANO**

El Cake-o-matic puede decorar con glaseado 12 pasteles por minuto. A un humano podría tomarle una hora decorar un pastel.

**HUMANO**

**1 HORA**

Un robot recoge bloques de LEGO en una línea de producción en la fábrica.

# ¿Cómo trabajan los robots?

Los robots pueden levantar partes de autos pesadas en una fábrica de autos, pero se necesitan trabajadores para programarlos.

**¿SABÍAS?**
Un robot llamado Godzilla levanta carrocerías de autos para pintarlas. Pesan miles de libras.

Una computadora es el cerebro del robot. Los humanos escriben **códigos** en ese cerebro. Los códigos le dicen al robot cómo hacer su trabajo. Una fábrica podría necesitar hacer menos pasteles. Códigos nuevos dan órdenes nuevas a los robots. Eso cambia la rapidez con que los robots hacen su trabajo.

# ¿Qué movimientos pueden hacer los robots?

Algunos robots tienen dedos que pellizcan, pelan o golpetean. Las manos robóticas recogen como cucharas. Los brazos robóticos alcanzan objetos. Los robots que parecen arañas recogen y sueltan objetos. Un robot hace girar tornillos diminutos en orificios diminutos. Otro levanta enormes tractores. Arriba. Abajo. De un lado al otro.

**Con sus muchas articulaciones, este brazo robótico tiene un amplio rango de movimientos.**

## ARTICULADOS
MUCHAS ARTICULACIONES
QUE PUEDEN GIRAR,
MOVERSE HACIA ARRIBA,
HACIA ABAJO Y HACIA LOS LADOS,
SIMILAR A UN BRAZO  HUMANO

## CARTESIANO
UN ROBOT MÁS SIMPLE,
SOLO PUEDE MOVERSE
EN LÍNEAS RECTAS

## DELTA
MONTADO EN LA
PARTE SUPERIOR DE UN
ÁREA DE TRABAJO, ES
RÁPIDO Y PRECISO

## ROBOT ARAÑA
LAS PATAS ARTICULADAS
DE ESTE ROBOT ARMAN
APARATOS ELECTRÓNICOS,
ALIMENTOS E INSUMOS
MÉDICOS

## SCARA
CON MUCHA PRECISIÓN
LEVANTA Y COLOCA OBJETOS
EN LA LÍNEA DE ENSAMBLAJE

TIPOS DE ROBOTS

# ¿Pueden ver y oír los robots?

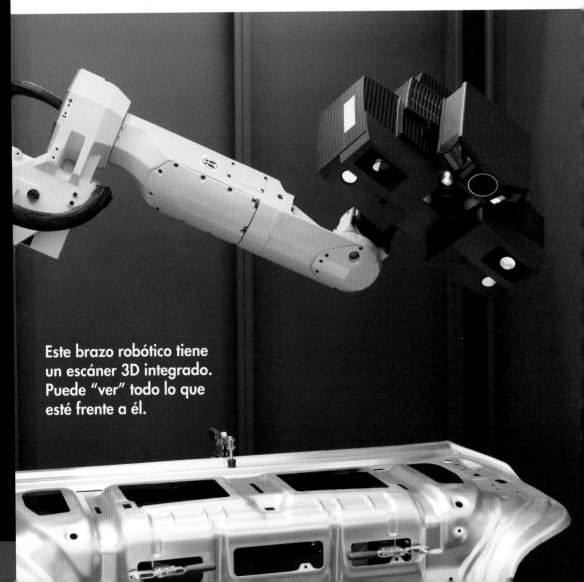

Este brazo robótico tiene un escáner 3D integrado. Puede "ver" todo lo que esté frente a él.

Algunos robots tienen cámaras. Pueden "ver" por dónde van. No chocan contra las paredes. Los **sensores** permiten que los robots "sientan". Pueden sostener un huevo correctamente. Los sensores también ayudan a los robots a oír. Esto les ayuda a saber dónde están y qué está pasando a su alrededor.

**¿SABÍAS?**
Los robots como el BB-8 de Star Wars no tienen sentimientos. Pero la inteligencia artificial, o IA, los hace actuar como si los tuvieran.

Los robots de las películas en general parecen tener sentimientos como los humanos.

# ¿Cuándo se inventaron los robots?

Hace 3500 años, un científico griego creó un ave voladora. Hace 800 años, un artista italiano construyó un hombre que podía sentarse y pararse. El primer robot parlante también podía inflar globos. Eso fue en 1939.

## ¿SABÍAS?

El primer robot de fábrica fue a trabajar en 1961. Se llamaba Unimate y apilaba partes metálicas calientes de autos.

En 1868, Zadoc Dederick e Isaac Grass inventaron el "Hombre de Vapor". Fue el primer robot en Estados Unidos.

# ¿Cuántos robots hay?

Más de dos millones de robots trabajan en fábricas alrededor del mundo. Y vienen más. Algunas personas temen que les quiten empleos a los humanos. Otras dicen que los trabajos para robots son difíciles y riesgosos. Los robots pueden trabajar más rápido que los humanos y también son más fuertes. Los robots no se equivocan ni se lastiman.

**Los robots humanoides** podrían trabajar junto con los humanos en el futuro.

# ¿Qué harán los robots del futuro?

Los robots se moverán mucho más parecido a como lo hacemos nosotros. Las manos robóticas funcionarán tan bien como las manos humanas. Estas máquinas tendrán partes que podrás intercambiar para hacer nuevas tareas. Pronto, las fábricas rentarán costosos robots en lugar de comprarlos.

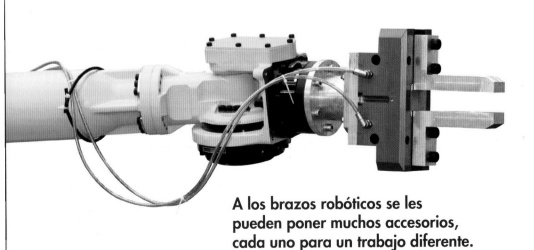

**A los brazos robóticos se les pueden poner muchos accesorios, cada uno para un trabajo diferente.**

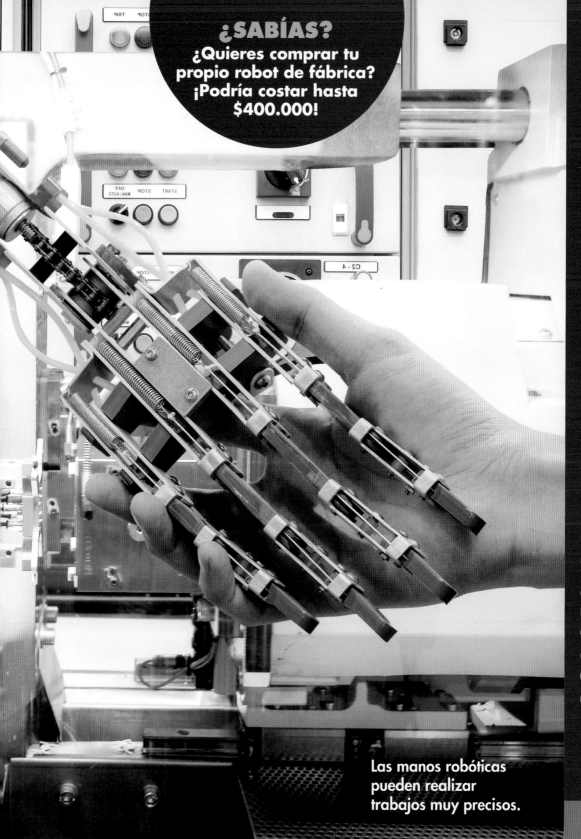

## ¿SABÍAS?

¿Quieres comprar tu propio robot de fábrica? ¡Podría costar hasta $400.000!

Las manos robóticas pueden realizar trabajos muy precisos.

# ¿Los robots de la vida real actuarán como los robots de las películas?

Los trabajadores robots que se parecen a nosotros aún están en un futuro muy lejano, pero es divertido imaginar lo que podría ser.

¡Sí! Los robots del futuro aprenderán por sí solos. Algunos robots hablarán y escucharán. Los robots y los humanos trabajarán codo a codo en las fábricas. Decidirán cosas en equipo. Prepárate para trabajadores robots mejores y más inteligentes. Algún día, ¡los robots y los humanos podrían ser compañeros de trabajo!

# HAZ MÁS PREGUNTAS

**¿Dónde puedo ver robots de fábrica trabajando?**

**¿Puedo construir mi propio robot?**

**Prueba con una PREGUNTA GRANDE:**
**¿Qué pueden hacer los humanos mejor que los robots?**

# BUSCA LAS RESPUESTAS

**Busca en el catálogo de la biblioteca o en Internet.**
Pueden ayudarte tus padres, un bibliotecario o un maestro.

**Usar palabras clave**
Busca la lupa.

**Las palabras clave son las palabras más importantes de tu pregunta.**

?

**Si quieres saber sobre:**

- Dónde observar robots trabajando, escribe: VISITAR ROBOTS

- Cómo construir un robot, escribe: NIÑOS CONSTRUYEN ROBOTS

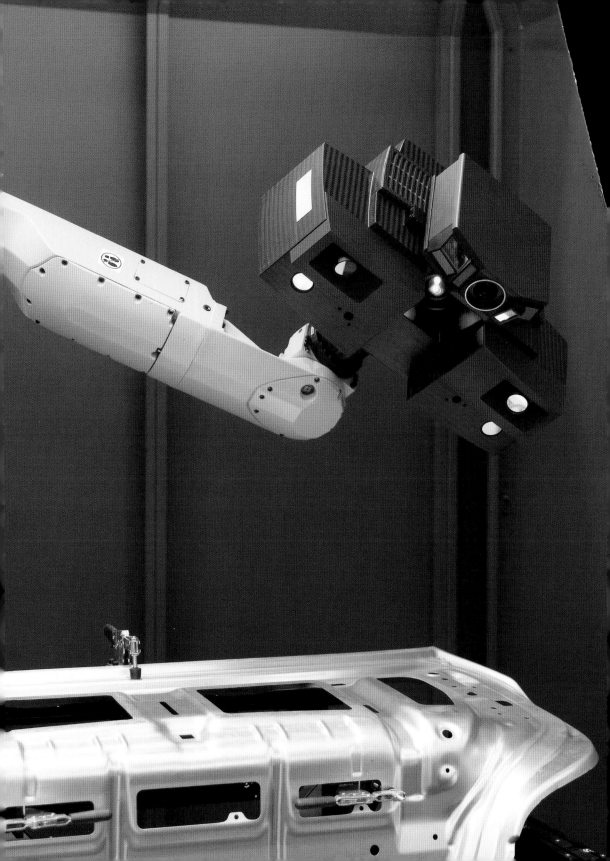

# LOSARIO

# ÍNDICE

**código** Un conjunto de instrucciones que los humanos escriben en las computadoras.

**humanoide** Que se ve y actúa como un humano.

**inteligencia artificial** Una herramienta informática que les permite a los robots aprender por sí solos.

**sensor** Algo que detecta la luz, el movimiento o el sonido y responde a este.

**soldar** Unir pedazos de metal calentándolos y presionando uno contra otro.

## Acerca de la autora

Lela Nargi es periodista y autora de 25 libros de ciencia para niños. Desde hace mucho es fanática de la ciencia ficción y siempre se ha preguntado cómo sería tener un rob útil en casa. ¿Qué tarea es la que más le gustaría que hiciera el robot Tender la cama, definitivamente. Po ahora, vive en la ciudad de Nueva York con un perro salchicha llamad Bigs, quien probablemente nunca se ha preguntado nada sobre los robo